Motivações que mudarão
sua vida

DIMAS NOVAIS DE OLIVEIRA

O poder do querer
Motivações que mudarão sua vida

EDITORA
SANTUÁRIO

Coordenação editorial:	Elizabeth dos Santos Reis
Revisão:	Ana Lúcia de Castro Leite
Diagramação	Marcelo Antonio Sanna
Capa:	Bruno Olivoto

ISBN 85-7200-861-6

1ª impressão: 2003

7ª impressão

Todos os direitos reservados à EDITORA SANTUÁRIO – 2017

Rua Pe. Claro Monteiro, 342 – 12570-000 – Aparecida-SP
Tel.: 12 3104-2000 – Televendas: 0800 - 16 00 04
www.editorasantuario.com.br
vendas@editorasantuario.com.br

*Oferecimento:
A minha esposa Araí,
familiares e amigos.*

*Agradecimento:
A Deus e à vida.*

INTRODUÇÃO

Por anos e anos propagou-se a ideia de que "Querer é Poder". Essa frase de impacto foi bem assimilada por alguns e criticada por outros. Eu resolvi mudar a expressão e centralizar toda a força não no "Poder", mas no "Querer".

Você deve estar se perguntando qual a razão dessa mudança! Pois bem, vou lhe dizer, como sempre faço, de maneira simples e objetiva. Mudei a expressão porque acredito que o "Poder" é de Deus, está em Deus, é Deus; enquanto o "Querer" é nosso, está em nós, pertence a nós. Se você quer, você pode.

Todos nascemos vencedores. Nascer já é um ato de vitória. Viver é outra situação de vitória, de conquista, de sucesso. Deixo isso bem claro em meu outro livro "Viver é Vencer".

Quando potencializamos as energias para o nosso "Querer" e nos sujeitamos ao "Poder", que tem condições de realizar em nós maravilhas, então nos tornamos imbatíveis, mais que vencedores.

Meu objetivo neste livro de motivação é motivar. Em doses diárias, as pessoas podem cultivar a motivação e a autoestima. É bem prático.

Ofereço este livro a você que acredita em mim e acompanha o meu trabalho. Sucesso! E não permita que os problemas lhe tirem a alegria de querer viver para ser e fazer feliz.

O autor

NÃO PEDI PARA NASCER

Se você quer, você pode.

Diante de tantos problemas e tomadas de decisões, você reclama, lamenta e, elevando os olhos para os céus, diz: "Eu não pedi para nascer". É verdade? Mas alguém que o ama muito quis lhe oferecer a oportunidade de viver. Cabe a você escolher a vida e querer aceitar essa dádiva divina.

O PODER DO QUERER

Se você quer, você pode.

Com certeza, você deseja concretizar muitos projetos para sua vida. O poder para que essa realidade aconteça está plenamente em sua vontade, em seu querer. Se você quer, você consegue. O poder do querer é maravilhoso, pois revela que, ao nos criar, o Criador nos proporcionou um sopro de sua benevolência e de sua sabedoria.

EU QUERO SER FELIZ

Se você quer, você pode.

Ser feliz é uma opção de vida. Se você quer ser feliz, você será. Para isso basta viver, a cada momento, a simplicidade de seus atos. Busque nas coisas mais simples a razão de sua felicidade. Então, você irá perceber que toda a felicidade do mundo caberá na palma de sua mão.

EU QUERO VENCER

Se você quer, você pode.

Você nasceu para vencer. O projeto do Criador para sua vida é um projeto de vitória. Você só precisa assegurar que sua força de vontade siga o caminho que você determinou. As oportunidades estão aí. Aproveite cada porta aberta em sua vida para conquistar grandes vitórias. Faça tudo, sem nunca esquecer que você nasceu para vencer.

EU QUERO SER UM LÍDER

Se você quer, você pode.

Líder é aquele que desenvolve e potencializa todas as suas competências e habilidades em favor do crescimento de sua equipe de liderados. Para você se tornar um bom líder, não pode jamais esquecer que a humildade deve ser sua eterna companheira, porém, uma humildade que constrói liderança.

EU QUERO TER AUTOESTIMA

Se você quer, você pode.

A autoestima é uma imagem que você tem interiormente e que projeta para todos os que estão a sua volta. Quando você se olha, como você se vê? Veja-se sempre feliz, disposto a desbravar os mares da vida e a irradiar alegria. A autoestima está a sua disposição, alojada dentro de seu coração. Crie o hábito de se admirar e de andar com espírito elevado.

EU QUERO TER AUTOCONFIANÇA

Se você quer, você pode.

Você produz o que você quiser. Para produzir autoconfiança, você precisa cultivar confiança. A cada manhã, confie em você, a cada tomada de decisão, confie em você, pois você é tão capaz quanto qualquer outra pessoa. Desperte o dom da confiança que o Criador plantou dentro de seu ser. Se você não for o primeiro a confiar em você, quem o será?

EU QUERO A VITÓRIA

Se você quer, você pode.

Se você quer a vitória, conquiste-a. Lute a cada dia para que seus projetos se concretizem. Ninguém se tornou vencedor sem se expor à luta, ao sacrifício. Contudo, lutar sem acreditar que será o vencedor é uma atitude insensata. A vitória começa em sua mente, passa por seu coração e termina em suas mãos. Conquiste grandes vitórias, não aceite as derrotas. Assuma uma atitude de campeão.

EU QUERO O SUCESSO

Se você quer, você pode.

O poder do querer torna-se real quando você toma consciência de suas capacidades, quando você acredita que pode superar suas dificuldades e crescer a cada dia. O sucesso não vem de graça. Ele é fruto de uma luta constante, com um objetivo definido e uma meta claramente estipulada. Ter sucesso é uma coisa muito boa, porém, temos de saber como usá-lo para nosso bem e para o bem de nosso próximo. O sucesso jamais poderá ser usado como meio de exclusão ou de arrogância, pois tudo nos é permitido, mas nem tudo nos convém.

EU QUERO PERTENCER À EQUIPE

Se você quer, você pode.

Todos sentem a necessidade de pertencer a um grupo, a uma equipe. Mas não basta estar na equipe, é preciso fazer a diferença. E a diferença se faz com competência, seriedade e confiabilidade. Estando numa equipe, não queira aparecer demais nem permaneça tanto tempo no anonimato. Você deve saber dosar a hora de falar com a hora de silenciar. Falar é um dom, ouvir é prudência que somente os sábios possuem.

EU QUERO SER CRIATIVO

Se você quer, você pode.

A criatividade é o que diferencia o homem de outros animais, um líder de uma simples pessoa. Para você ser criativo, você precisa descobrir o que de melhor sabe fazer, e o que sente dificuldade em fazer. Daí é só vencer o medo, a insegurança, e colocar a inteligência para trabalhar. Você será mais criativo se não impuser obstáculos a sua imaginação. A imaginação é um dom maravilhoso que nos permite criar sempre.

EU QUERO TER UM BOM RELACIONAMENTO HUMANO

Se você quer, você pode.

Relacionar-se é uma arte. Talvez, a maior de todas. O melhor investimento que as empresas fazem é em pessoas que sabem relacionar-se bem em equipe. Se você tem dificuldade de se relacionar, não fique preocupado. Você é capaz de aprender. Entre na Escola do Relacionamento. Primeiro ame-se muito, depois trate os outros como você gostaria que o tratassem. Seja simples.

EU QUERO ATINGIR METAS

Se você quer, você pode.

Para atingir metas, você primeiro deve estabelecê-las. Estabeleça metas a curto, médio e longo prazo, para sua vida pessoal, profissional, familiar e social. A meta torna-se um "norte" que exige disciplina e consome tempo. Portanto, se você quer atingir metas que lhe proporcionem sucesso, primeiro esteja disposto ao sacrifício e aos desafios.

EU QUERO PRODUZIR RESULTADOS

Se você quer, você pode.

Produzir resultados significa vencer as barreiras estagnadas do tempo e do espaço. Para que você produza os resultados que deseja, tenha sempre em mente que você deve produzir o melhor. O local e a hora não são tão importantes. Quando se trabalha com resultados, todo o foco está no resultado. O importante é você atingi-los, de forma que se sinta útil e capaz de superar obstáculos.

EU QUERO VENCER O MEDO

Se você quer, você pode.

O medo, até certo grau, é natural, motivador e um instrumento de proteção. Mas se o medo ultrapassar a esfera do natural e passar a tomar conta de suas atitudes, impedindo-o de tomar decisões e de desenvolver ações, então é melhor você parar e dizer para você mesmo quem é que está no comando de suas emoções. O medo mental é seu pior inimigo. Vença-o e nada o impedirá de obter grandes conquistas.

EU QUERO SUPERAR TRAUMAS E COMPLEXOS

Se você quer, você pode.

Muitos traumas e complexos advêm de situações que vivemos em nossa infância ou de momentos que nossa mente assimilou como sendo impróprios para nosso ser. Se você deseja vencer traumas e complexos que atrapalham seu desenvolvimento pessoal, profissional ou social, você precisa começar aceitando-se como é, enquanto pessoa humana que tem valores, qualidades, defeitos e limites. Depois lute para superar suas dificuldades. Tenha coragem de romper com o passado e de dar passos fortes e firmes rumo a conquistas futuras.

EU QUERO GERENCIAR AS EMOÇÕES

Se você quer, você pode.

As emoções fazem parte de nossa vida e são fatores estimuladores dos sentidos, inclusive, motivam-nos a fazer determinadas ações que julgávamos incapazes de praticar. Se você deseja gerenciar suas emoções, você deve buscar a canalização de suas energias para atividades que lhe proporcionem paz, bem-estar e felicidade. Se você estiver com vontade de chorar, chore, de rir, ria, de expressar amor, não imponha medida para isso.

EU QUERO SUPERAR CONFLITOS

Se você quer, você pode.

Os conflitos são inevitáveis no relacionamento humano. Porém, são passíveis de serem administrados, resolvidos, superados. Tudo depende de como você assimila a situação. É nos momentos de conflitos que crescemos, superamos crises, encontramos forças para fazer mudanças, que revelamos o líder que somos. Os conflitos existem, as soluções também.

EU QUERO OBTER AUTORREALIZAÇÃO

Se você quer, você pode.

A autorrealização é uma das necessidades humanas. Significa estar de bem consigo mesmo, com um sentimento interior de liberdade e de alegria. Você é capaz de se sentir assim.

Busque a autorrealização de tal forma que você tenha bem claro quais são suas prioridades.

A autorrealização, seja na vida profissional, pessoal, familiar ou social, depende, exclusivamente, da maneira como você encara os fatos. Está na hora de limpar a janela e deixar a luz do sol entrar.

EU QUERO TER PAZ DE ESPÍRITO

Se você quer, você pode.

A paz está a seu alcance. Ela nunca esteve tão próxima. A paz está dentro de você, passando por cada veia de seu corpo, por cada célula de sua vida. Se você não tem paz interior, ou seja, paz de espírito, é porque você está procurando paz onde de fato ela não habita. Por que procurar algo que já existe em você? A paz habita seu interior desde o primeiro momento em que você veio ao mundo. Abra seu coração e viva em paz consigo mesmo, com seu próximo, com a natureza e com o Criador.

EU QUERO SABER: QUEM SOU EU?

Se você quer, você pode.

Essa pergunta existe desde que existe o homem. Grandes filósofos passaram anos e anos à procura de uma resposta. Você pode obter essa resposta agora: você é a obra mais perfeita e mais bela de toda a criação. Todas as coisas foram criadas para satisfazer seus desejos e para o deleite de sua alma. Você é uma pessoa que foi criada para ser feliz e ter uma vida plena de realização. Você é filho do Universo e do Criador de todo o Universo.

EU QUERO SABER: DE ONDE VIM?

Se você quer, você pode.

De onde você vem, vêm todas as coisas belas que o Criador pode criar. Porém, de todas as coisas criadas, você é a mais bela. Você veio de um lugar onde habitam a plenitude da paz, a perfeita alegria e a eternidade do amor e da vida. Você veio do coração daquele que criou todos os corações humanos. Você veio de um céu de vida e felicidade e, por isso, jamais diga que desconhece o céu, pois o céu habita dentro de você.

EU QUERO SABER: POR QUE ESTOU AQUI?

Se você quer, você pode.

Você não está aqui por acaso ou por um erro da natureza. Mesmo que você diga, em seus momentos de lamentações, que não pediu para nascer, isso não é verdade. Do coração do Criador você desejou nascer para conhecer toda a riqueza e toda a beleza do Universo, que foi oferecido a você como dádiva. E o universo não seria tão belo se você não estivesse aqui. Existe uma missão a ser cumprida, uma vitória a alcançar. É por isso que você está aqui: porque ninguém pode agir em seu lugar. Só você.

EU QUERO SABER: PARA ONDE VOU?

Se você quer, você pode.

Isso não é nenhum segredo. Você se lembra de onde você veio? Sim! É para lá que você irá voltar. Veio da paz, voltará para a paz, veio da luz, voltará para a luz, veio da eterna vida, voltará para a vida eterna. Para o coração de seu Criador você voltará. E estará feliz. E se sentirá plenamente satisfeito, pois todos os mistérios do Universo lhe serão revelados. E você entenderá tudo: o que estava obscuro se tornará claro como a luz do Sol.

EU QUERO O CÉU

Se você quer, você pode.

O céu é uma opção de vida. Querer o céu é querer viver a bondade e a caridade ao extremo. Querer o céu é querer que a felicidade esteja em cada coração e que todas as mãos se encontrem numa única prece de louvor. Você tem o céu dentro de você e renuncia a ele quando deixa de amar e passa a odiar. Mas, se você quer o céu, procure, a cada momento de sua vida, o dom por excelência: o amor. Ame sem limites e então o céu se fará em sua vida, permanentemente.

EU QUERO AGRADECER

Se você quer, você pode.

Agradeça. Viver agradecendo é um dos mais belos gestos do ser humano. Ah, quantas pessoas vivem se lamentando e por isso são infelizes. Quanto mais você reconhece e agradece tudo o que você tem e tudo o que você é, mais a felicidade transbordará em seu interior. A cada instante e a cada ato de sua vida, agradeça. Agradeça agora, hoje e sempre. O dia em que as pessoas aprenderem o valor do agradecimento, entenderão que alegrarão mais o Criador com seus agradecimentos, do que com seus pedidos.

EU QUERO SONHAR

Se você quer, você pode.

Sonhar faz bem. Faz a pessoa sentir-se viva. Se você quer sonhar, procure sonhar sonhos grandes, porém realizáveis. Muitas grandes obras e invenções formidáveis iniciaram-se com um sonho. E há quem diga que sonhar é perder tempo. Não é. Sonhe cada vez mais e em seus sonhos veja-se sempre vencendo, conquistando, acertando, ultrapassando, chegando à linha da vitória em primeiro lugar.

EU QUERO ME COMUNICAR

Se você quer, você pode.

Comunicar-se é algo maravilhoso. Você tem a oportunidade de expressar sentimentos, vontades, ideias e ideais. Mas há pessoas que não sabem comunicar-se. E saber comunicar-se é a chave para o sucesso. Você pode treinar comunicação. Você não deve temer comunicar--se. Vença toda a timidez e fale, comunique-se. Alguém está ansioso, querendo ouvi-lo. E o que você vai falar é muito importante para essa pessoa. Portanto, comunique-se com o mundo e tenha o mundo todo em você.

EU QUERO MINHA HORA

Se você quer, você pode.

Sua hora vai chegar, se é que já não chegou. Espero somente que não ocorra de sua hora haver chegado e você, despercebido, ter perdido a oportunidade que ela trouxe. Para tudo na vida há uma hora certa. Não fique angustiado. Sua hora está marcada, mas não fique parado, vá ao encontro dela. Há hora para nascer e para morrer, para começar uma luta e para terminá-la, como vencedor. Fique de olho aberto: sua hora está por chegar e então ninguém vai segurá-lo.

EU QUERO SER DIFERENTE

Se você quer, você pode.

É saudável saber que alguém deseja ser diferente. Diferente de todos os que preferem o mais fácil, o mais cômodo ou que preferem não ser incomodados, não se levantar para caminhar. Se você quer ser diferente, precisa apenas dizer às pessoas que não adianta dizerem que seu projeto não vai dar certo, ou que sua ideia é ultrapassada ou moderna demais. Seja diferente provando que quem faz a diferença é você, e não eles.

EU QUERO UM MILHÃO DE AMIGOS

Se você quer, você pode.

Como é bom ter amigos. Terrível seria viver um minuto apenas de nossa vida sem um amigo ao lado. Cultive boas amizades. Você quer ter um milhão de amigos, e isso é bom. Contudo, melhor ainda é você ser amigo para um milhão de pessoas. Verdadeiros amigos são como tesouros escondidos que, uma vez encontrados, são guardados como preciosidades raras. Estenda as mãos primeiro, dê o primeiro sorriso, diga "olá" primeiro, ofereça-se para ser amigo, mas seja um amigo fiel.

EU QUERO SACIAR A FOME E A SEDE

Se você quer, você pode.

Todos temos fome e sede. A pergunta é: Você tem fome e sede de quê? Se sua fome for de vida, de alegria, de disposição e coragem, e sua sede for de conquistas, de quebrar barreiras, ah, então você será saciado com a força de vontade que existe em seu interior. E, além disso, você ajudará a saciar a fome e a sede de muitas outras pessoas. Tenha sempre fome e sede de justiça, fome e sede de verdade, fome e sede de solidariedade. O mundo está com fome de tudo isso. Vá e ajude a saciar essa fome.

EU QUERO ACABAR COM A ANGÚSTIA

Se você quer, você pode.

Parece que todos têm uma angústia dentro de si. Essa angústia tem dois lados. Primeiramente a angústia possui a força de nos levar ao interior de nosso ser e buscar as mais profundas respostas sobre nossa existência. A segunda face da angústia não é tão boa assim. Ela machuca, faz doer, traz desespero, é ruim. Se você quer acabar com a angústia que está em seu coração, mostro-lhe dois caminhos: a fé e a razão. A fé para lhe proporcionar esperança e a razão para lhe trazer sobriedade.

EU QUERO PREENCHER UM VAZIO

Se você quer, você pode.

Às vezes seu coração se encontra com o vazio? Não pense que isso seja ruim! Pois é no vazio que se cria a oportunidade de começar de novo, de preencher as lacunas, de restaurar o antigo. Preencha o vazio de seu coração espalhando bondade e sorriso. Esse sentimento de vazio, na maioria das vezes, é bom sinal. Revela que seu coração quer comunicar-lhe alguma coisa. Ouça seu coração. Ele lhe dirá o que você tem de fazer para satisfazê-lo.

EU QUERO ESTENDER AS MÃOS

Se você quer, você pode.

Gesto sublime. Se você pretende estender as mãos, não escolha para quem: simplesmente estenda-as. Não espere recompensas ou gratificações. Estender as mãos é um gesto fraterno e gratuito. Um gesto pequeno, mas que somente grandes almas são capazes de realizar.

EU QUERO FORÇA PARA VIVER

Se você quer, você pode.

Quantas pessoas no mundo se sentem enfraquecidas, cansadas, desanimadas, espe-rando que uma força as reanime, lhes dê motivos para levantar e continuar a caminhada. A força para você viver está em seu coração, nas pessoas que vivem a seu lado, na natureza e, principalmente, em seu Criador. Levante a cabeça, agradeça o passo que irá dar e a força que vem do alto estará com você. Coragem, você pode mais do que imagina.

EU QUERO QUALIDADE DE VIDA

Se você quer, você pode.

Investir nas pessoas, dar-lhes oportunidade de passar mais tempo com a família, com os animais, com a natureza, consigo mesmas. Esses são os pontos em questão. Quando você deseja qualidade de vida, suponho que já está sentindo falta de alguma coisa: da vida. Viver é mais que passar os dias, os meses e os anos. Viver é aproveitar cada momento como um momento mágico da vida. Qualidade de vida é isso: é você viver a vida de tal forma que se sinta motivado a sempre querer mais.

EU QUERO UMA FAMÍLIA FELIZ

Se você quer, você pode.

A família é a célula-mater da sociedade. Se você quer ter uma família feliz, deixe-me dizer-lhe: família feliz existe e é possível viver assim, porém, não pense que elas não têm problemas. Todas as famílias felizes do mundo têm problemas, como a sua família. O segredo é justamente em meio a tantos problemas saber o valor da família: da mãe, do pai, dos filhos. A família sempre será o santuário da vida.

EU QUERO
UM EMPREGO LEGAL

Se você quer, você pode.

Trabalho é trabalho. Ninguém vive sem ele e todos gostariam de viver sem ele. É fundamental que você entenda o valor subjetivo e social do trabalho. De fato, o trabalho dignifica a pessoa humana e permite sua autorrealização, além de contribuir para formar a sociedade. O emprego mais legal que você pode ter é aquele em que você está desenvolvendo suas aptidões, criatividade, habilidades e prazer. É você quem faz seu trabalho tornar-se um emprego legal.

EU QUERO UM MUNDO MAIS JUSTO

Se você quer, você pode.

Belo sentimento esse de justiça. Desejar um mundo mais justo implica, primeiro, fazer reinar a justiça em seus atos, nos mais simples. Cobrar que o outro seja justo é fácil. Desejar um mundo mais justo também é fácil. O difícil é você se comprometer com os injustiçados e, de fato, fazer acontecer a justiça. Se você deseja trilhar esse caminho, vá em frente. Somente poucos o buscam, mas são esses os que chamamos de heróis.

EU QUERO UM DEUS MAIS PRÓXIMO

Se você quer, você pode.

Está se sentindo só? Pensa que Deus está longe de você? Deseja que seu Criador esteja mais próximo? Como você está enganado! Não seria talvez a hora de Deus dizer que deseja você mais próximo dele? Não seria, quem sabe, esse o momento ideal para o Criador chamar a atenção de sua criatura pela falta de reconhecimento e de agradecimento? Deus está dentro de você, a seu lado, sobre você, a sua frente. Onde quer que você esteja, você não está só. Purifique sua alma e sinta Deus pertinho de você.

EU QUERO SER FORTE

Se você quer, você pode.

Você só será forte se se imaginar forte. Será fraco se se imaginar fraco. A fortaleza está toda em sua maneira de mentalizar as formas e as atitudes que você toma diante da vida. Fraco é aquele que se imagina fraco. Forte é aquele que se imagina forte. Você foi criado para ser forte. Acredite nisso e comece a vencer os Golias de sua vida. Não tema, não trema. Seja forte, porque seu Criador é forte e não iria criá-lo fraco.

EU QUERO TER FUTURO

Se você quer, você pode.

Planejar o futuro é algo bom. Mas o que é o futuro? É você quem faz o futuro, do jeito que você quiser. Você tem um futuro. Mas qual? Pergunta seu coração angustiado. Na hora certa você entenderá que o futuro que você espera já chegou. Basta você entender que não é você quem espera o futuro, mas sim é o futuro que o espera. Boa sorte para seu futuro. Com certeza, ele irá receber uma ótima pessoa.

EU QUERO VIVER MOTIVADO

Se você quer, você pode.

Viver motivado só depende de você. É certo que alguns fatores ambientais podem proporcionar-nos motivação, mas não confie muito nisso. A motivação é uma força interior. Nasce de dentro para fora. Estimula de dentro para fora. Entusiasma de dentro para fora. Para você viver motivado basta você querer. Cultive a alegria interior, bons pensamentos e projetos de vitória. Irradie motivação. Quanto mais você motivar, mais você se sentirá motivado.

EU QUERO ENCONTRAR VALORES

Se você quer, você pode.

É em cima de valores que nossa vida deve ser edificada. Valor é algo subjetivo. Se você deseja pautar sua existência por um caminho de valores, então você precisa demonstrar quais os valores que possui. Mas esse caminho é nobre. Quem ousou trilhá-lo não se decepcionou. Não se importe com o que os outros irão dizer. O que importa de fato é que você viva os valores que julga importantes para sua vida.

EU QUERO MUDAR MEU DESTINO

Se você quer, você pode.

Sua vida está em suas mãos. Seu destino está em suas mãos. A qualquer momento você pode mudá-lo. Basta querer. Basta ter força de vontade e tomar atitudes que transformem sua vida. Mas atitudes verdadeiras; aquelas que brotam de dentro da alma. Se você não está contente com determinadas situações, então mude. É tão simples. Não vá complicar o que é simples.

EU QUERO CONVENCER

Se você quer, você pode.

A quem você precisa convencer? E por quê? Se você entender "convencer" como "vencer com", tudo bem. Mas se você acredita que convencer é provar alguma coisa para os outros, então você está se enganando. Você não precisa provar nada para ninguém. Convença, sim, mas com a certeza de que com sua vitória mais alguém foi beneficiado, sem se preocupar em provar para esse ou aquele que você é ou não capaz.

EU QUERO PERDOAR

Se você quer, você pode.

Um dom sublime que só as almas grandes possuem: o dom de perdoar. Como faz mal sentir rancor, ódio, mágoa ou ressentimento por alguém. O perdão é libertador, é santificador, é divino. Se você está precisando perdoar alguém, perdoe. Mas perdoe logo, hoje, agora. Não permita que o Sol se ponha sem que você tenha perdoado, do fundo de seu coração e com todas as forças de sua alma. Perdoar é um ato da vontade.

EU QUERO AMAR

Se você quer, você pode.

Não existe medida para o amor. Ame e faça tudo o que desejar. Ame e veja que seu Criador é puramente amor, que o céu é todo amor, que a vida só é vida se regada pelo amor. Se você tem dificuldades para amar é porque algum sentimento de egoísmo ou de orgulho está em seu coração. Limpe seu coração e deixe acontecer o amor. Só quem já fez a experiência do amor sabe que tudo na vida perde seu valor diante de tamanho sentimento: desde que puro, verdadeiro e sincero.

EU QUERO TER ESPERANÇA

Se você quer, você pode.

A maior virtude da fé é produzir esperança. E a esperança não decepciona. Procure sempre ter esperança. Por mais difícil que pareça estar a situação, acredite, confie. Tudo pode ser mudado. Tudo pode ser conquistado por meio da esperança. Não uma esperança vazia, fim em si mesma. Mas uma esperança que seja fruto da fé, que produz a certeza de que tudo pode ser diferente. E melhor.

EU QUERO ENCONTRAR O SENTIDO DA VIDA

Se você quer, você pode.

Se você chegou até aqui, acredito que você já sabe qual é o sentido da vida. Mas posso lembrar-lhe: o sentido da vida é ser feliz, é amar, é perdoar, é sempre manter viva a esperança que nasce da fé. O sentido da vida é você viver cada momento como se fosse único e vivê-lo intensamente. O sentido da vida está dentro de você, como todas as outras coisas. Por que você busca tão longe o que está tão próximo? Encontre o sentido da vida em sua vida.

ÍNDICE

Introdução 7
Não pedi para nascer 9
O poder do querer 10
Eu quero ser feliz 11
Eu quero vencer 12
Eu quero ser um líder 13
Eu quero ter autoestima 14
Eu quero ter autoconfiança 15
Eu quero a vitória 16
Eu quero o sucesso 17
Eu quero pertencer à equipe 18
Eu quero ser criativo 19

Eu quero ter um bom
relacionamento humano 20
Eu quero atingir metas............................21
Eu quero produzir resultados 22
Eu quero vencer o medo 23
Eu quero superar traumas
e complexos 24
Eu quero gerenciar as emoções................25
Eu quero superar conflitos 26
Eu quero obter autorrealização................27
Eu quero ter paz de espírito 28
Eu quero saber: quem sou eu? 29
Eu quero saber: de onde vim? 30
Eu quero saber: por que estou aqui?........31
Eu quero saber: para onde vou?...............32
Eu quero o céu...33
Eu quero agradecer 34
Eu quero sonhar 35

Eu quero me comunicar...........................36

Eu quero minha hora...............................37

Eu quero ser diferente.............................38

Eu quero um milhão de amigos 39

Eu quero saciar a fome e a sede 40

Eu quero acabar com a angústia...............41

Eu quero preencher um vazio...................42

Eu quero estender as mãos 43

Eu quero força para viver 44

Eu quero qualidade de vida.....................45

Eu quero uma família feliz 46

Eu quero um emprego legal 47

Eu quero um mundo mais justo..............48

Eu quero um Deus mais próximo 49

Eu quero ser forte 50

Eu quero ter futuro.................................51

Eu quero viver motivado.........................52

Eu quero encontrar valores 53

Eu quero mudar meu destino....................54

Eu quero convencer 55

Eu quero perdoar 56

Eu quero amar 57

Eu quero ter esperança 58

Eu quero encontrar o sentido da vida 59

A marca FSC® é a garantia de que a madeira utilizada na fabricação do papel deste livro provém de florestas que foram gerenciadas de maneira ambientalmente correta, socialmente justa e economicamente viável.

Este livro foi composto com as famílias tipográficas Times e Times New Roman e impresso em papel Offset 75g/m² pela **Gráfica Santuário.**